VIE

DE

St CYR ET Ste JULITTE

PATRONS DE LA CATHÉDRALE

ET DU

DIOCÈSE DE NEVERS

*Les peines passent.
La récompense est
éternelle.*

NEVERS
G. VALLIÈRE, IMPRIMEUR DE L'ÉVÊCHÉ

1900

VIE

DE

SAINT CYR ET SAINTE JULITTE

PATRONS DE LA CATHÉDRALE

ET DU

DIOCÈSE DE NEVERS

Les peines passent. La récompense est éternelle.

PAR les leçons de courage qu'elle renferme, la vie de saint Cyr et de sainte Julitte mérite d'être proposée en exemple aux fidèles. Les parents, les mères principalement, peuvent y puiser une plus grande intelligence et un plus vif sentiment des devoirs que leur impose, de nos jours surtout, l'éducation chrétienne de leurs enfants.

* * *

Persécution des chrétiens sous Dioclétien. Julitte est obligée de fuir sa patrie en emportant son jeune enfant.

AU commencement du IVe siècle, le cruel empereur Dioclétien, résolu d'anéantir le nom chrétien, suscita une persécution des plus sanglantes contre l'Eglise. Dans toute l'étendue de l'empire, les adeptes de la religion nouvelle furent recherchés avec soin et mis en demeure de renier leur foi ou d'affronter les supplices.

Dans la Lycaonie, province d'Asie-Mineure, à Icone, vivait alors une dame de race royale, nommée Julitte ; elle était chrétienne ainsi que son fils Cyr, alors âgé de trois ans.

Comme la foi n'étouffe point les sentiments maternels, bien au contraire, Julitte, qui ne redoutait point la mort pour elle-même, la craignait cependant pour son cher enfant. Aussi s'efforça-t-elle de le soustraire à la rage des persécuteurs. Dans ce but, elle abandonna ses biens et s'enfuit à Séleucie, n'emmenant avec elle, outre son enfant, que deux servantes fidèles.

N'allons pas croire, cependant, que le salut corporel de son fils était le souci exclusif de cette mère ; un autre plus angoissant la tourmentait : elle songeait au péril que ne manquerait pas de courir la foi si tendre encore du jeune Cyr, s'il venait à être privé de l'assistance maternelle et livré à des maîtres païens. Au-dessus, bien au-dessus du corps, elle estimait donc l'âme de son fils.

Précieuse leçon pour tant de mères qui ne pensent qu'à assurer le bonheur temporel de leurs enfants, et se soucient peu du salut de leur âme. Mères aveugles et coupables ! elles s'inquiètent de l'accessoire et oublient le principal.

Qu'elles le sachent pourtant : du moment qu'elles sont mères, elle ont charge d'âmes ; la maternité leur confère une sorte de sacerdoce ;

elles ont un rôle sublime, celui de conduire au ciel les êtres qu'elles ont mis au jour. Faire de l'enfant un homme, de l'homme un chrétien, du chrétien un saint, un élu, telle est, en effet, l'œuvre principale et la vraie mission d'une mère ici-bas. Et cette mission, pour en assurer le succès final, la mère chrétienne doit la commencer lorsque son enfant est encore au berceau.

Ce n'est pas, en effet, quand l'arbrisseau est devenu un grand arbre qu'on peut le redresser. De même, chez l'enfant, le premier pli, la première impression sont pour ainsi dire indélébiles. Et le poète a eu raison d'écrire :

> Le cœur de l'homme vierge est un vase profond :
> Lorsque la première eau qu'on y verse est impure,
> La mer y passerait sans laver la souillure,
> Car l'abîme est immense et la tache est au fond.

Pénétrée de ces pensées, et voulant, avant tout, soustraire le jeune Cyr à toute influence pernicieuse pour son âme, Julitte, nous l'avons dit, s'était retirée à Séleucie.

Mais, hélas, elle ne s'y trouva pas plus en sûreté qu'à Icone ; les mêmes dangers, et de plus grands encore, l'y attendaient : car, là aussi, on avait publié l'édit de Dioclétien, et le préfet de la ville en poursuivait alors l'exécution avec acharnement. Julitte n'eut garde de se fixer dans un pays pour elle si plein de périls. Elle se mit de nouveau en route et se retira à Tarse, capitale de la Cilicie, suivant ainsi ce conseil de l'Évangile : « Lorsque vous serez persécutés dans une ville, fuyez dans une autre. »

∴

Martyre de saint Cyr et de sainte Julitte.

La mère et l'enfant venaient à peine d'arriver à Tarse que leur présence était signalée au proconsul, gouverneur de la province.

Alexandre — c'était le nom de ce personnage — égalait en cruauté, s'il ne le surpassait, son maître Dioclétien. Il donna ordre d'arrêter la chrétienne fugitive et de l'amener devant son tribunal. Quand les deux servantes virent leur maîtresse entre les mains des soldats, elles firent comme les apôtres timides après l'arrestation du Sauveur : prises de peur, elles s'enfuirent.

Julitte comparut donc devant Alexandre, seule avec son fils qu'elle tenait entre ses bras.

— « Quel est ton nom ? » lui demanda le proconsul.

— « Je suis chrétienne, » répondit-elle.

Et à toutes les questions qui lui furent posées sur son âge, sa condition, son pays, elle faisait avec fierté, toujours la même réponse :

— « Je suis chrétienne ! »

Toute timidité avait disparu de son âme ; ce n'était plus la mère, c'était la chrétienne intrépide qui se dressait pour confesser sa foi.

Le juge alors commanda aux licteurs de lui enlever son enfant et de la frapper par tout le corps avec des lanières en cuir.

Ce ne fut pas sans peine qu'on parvint à arracher le jeune Cyr des bras de sa mère : il s'attachait à elle de toutes ses forces : et la violence dont il était l'objet lui faisait pousser des cris déchirants. Le proconsul le prenant sur ses genoux, essaya bien de le calmer; mais ce fut en vain. L'enfant ne cessait de se débattre, comme l'oisillon qu'on arrache de son nid, et de tendre les bras vers sa mère. Par moment, pour se protéger contre les baisers odieux du proconsul, il lui déchirait le visage avec ses petites mains ; et entendant sa mère dire : « Je suis chrétienne », l'innocent répétait à son tour, de sa voix enfantine :

— « Je suis chrétien ! »

Alors la douceur feinte du juge se change subitement en colère. Dans son emportement, il rejette l'enfant loin de lui et l'envoie rouler au bas des degrés du tribunal. La chute est si violente que le jeune Cyr reste sans mouvement aux pieds de son bourreau. Quand on le releva, il avait cessé de vivre. Le crâne était brisé et la cervelle répandue sur le pavé du prétoire.

Témoin du martyre de son enfant, la pieuse et vaillante mère sut imposer silence au supplice de son cœur. Elle rendit grâces à Dieu de ce que ce fils la précédait dans le royaume céleste et méritait de recevoir le premier la couronne immortelle.

Bien différente des mères dont la tendresse tout humaine n'a d'autre ambition que celle d'assurer à leurs enfants les biens périssables de la terre, sainte Julitte est avant tout jalouse d'assurer au fruit de ses entrailles le bonheur du ciel. Sa foi lui fait préférer l'autre vie à celle-ci ; elle perd son enfant pour ce monde, mais elle sait qu'elle le retrouvera dans un monde meilleur :

> Tu n'anéantis pas, tu délivres,

dit le poète s'adressant à la Mort. C'est aussi ce que redit cette mère sublime.

O mères, à qui le trépas de tout jeunes enfants fait verser des larmes inconsolées, comprenez-vous, en comparant votre conduite à celle de sainte Julitte, ce que votre douleur a de peu chrétien ? Pleurez ; certes, la religion vous y autorise ; mais ce qu'elle condamne, c'est de pleurer comme ceux qui sont sans espérance. Aux yeux du vrai chrétien, la mort n'est pas un terme, elle est un commencement ; elle est l'aurore d'une vie meilleure et sans fin. Aussi, pour désigner le jour de la mort d'un saint, l'Eglise l'appelle le jour de sa naissance : *dies natalis*, exprimant ainsi que le jour de la mort terrestre est, pour l'élu, celui de sa naissance à la vie immortelle et céleste.

Non, mères, vos enfants disparus ne sont point réellement morts. Ils vivent. Ces anges de la terre, en vous quittant, n'ont fait qu'aller rejoindre leurs frères du ciel ; et de là-haut, ils veillent sur vous, ils vous sourient !

> De l'autre côté du tombeau,
> Les yeux qu'on ferme voient encore.

Bientôt vous irez vous-mêmes retrouver ces bien-aimés et partager avec eux l'éternelle félicité. En attendant, écoutez-les vous dire :

> « Nous sommes plus voisins que l'homme ne le pense ;
> » Il n'est point de frontière entre la terre et nous.
> » Entre vous et nos cœurs il n'est point de distance ;
> » Dans sa vaste unité, Dieu nous rapproche tous.

*
* *

Le martyre de la mère suivit de près le martyre du fils.

Le proconsul Alexandre parut tout d'abord honteux de l'acte lâchement cruel qu'il venait d'accomplir. Il semblait déplorer la mort d'un enfant innocent. Mais, en réalité, sa haine hypocrite n'était point adoucie. Elle éclata au contraire, avec plus de rage encore, contre celle dont la présence et la ferme attitude étaient un reproche à son ignominieuse conduite. Ayant donc fait étendre Julitte sur un chevalet, il commanda qu'on lui déchirât les côtes avec des ongles de fer et qu'on répandit sur ses pieds de l'huile bouillante. Pendant ce supplice, un héraut criait : — « Julitte, aie pitié de toi et sacrifie aux dieux, si tu ne veux subir le même sort que ton fils ».

— « Je ne sacrifie point à des démons, répondait l'intrépide chrétienne ; je rends mes hommages au Christ, Fils unique de Dieu, par qui toutes choses ont été créées. J'ai hâte de rejoindre mon enfant pour partager avec lui la gloire céleste. »

Il fut impossible d'obtenir une autre réponse de la noble chrétienne.

Alors, voyant que ni les promesses ni les menaces n'étaient capables d'ébranler la constance de sa victime, le proconsul la condamna à avoir la tête tranchée ; puis il prescrivit que son corps et celui de son fils fussent traînés au lieu destiné à recevoir les cadavres des criminels.

Ces ordres inhumains furent ponctuellement

exécutés. Mais, avant de présenter sa tête au bourreau, Julitte demanda et obtint quelques instants pour se recommander à Dieu et lui offrir son sacrifice. Elle priait ainsi :

« Seigneur, je vous remercie d'avoir appelé mon fils auprès de vous dans votre royaume ; daignez recevoir aussi votre indigne servante ; et que, comme les vierges sages de l'Evangile, je sois admise aux noces célestes où mon âme bénira votre Père, le Dieu créateur et conservateur de toutes choses, où elle vous bénira, vous, le Rédempteur des hommes, ainsi que l'Esprit vivificateur, dans les siècles des siècles. »

Un instant après, Julitte avait la tête tranchée ; et son âme s'envolait au ciel rejoindre celle de son fils bien-aimé.

Ceci se passait vers l'an 304 de l'ère chrétienne.

L'Eglise honore le martyre de saint Cyr et de sainte Julitte le 16 juin.

*
* *

Beaux exemples à imiter pour les mères et pour les enfants.

Qui pourrait ne pas admirer l'héroïque chrétienne dont nous venons de raconter l'histoire ?

Mais ce n'est point assez de l'admirer. O femmes, ô mères, prenez la résolution d'imiter, en toutes circonstances, le surnaturel courage avec lequel sainte Julitte préféra, pour elle et pour son fils, la mort à l'apostasie, le martyre au déshonneur, la souffrance au péché.

Nombreuses sont, d'ailleurs, dans les annales de l'Eglise, les mères qui, au cours des siècles, ont agi comme Julitte, préférant pour leurs enfants la mort du corps à la damnation éternelle de l'âme.

Sainte Félicité, noble dame romaine, exhorta ses sept fils au martyre, et le subit elle-même après eux, ne voulant pas sacrifier aux idoles et renoncer à Jésus-Christ.

Tout près de nous, à Autun, saint Symphorien, de riche et noble condition, fut encouragé au martyre par sa mère, sainte Augusta, qui lui criait, près des portes de la ville, tandis qu'on le menait au supplice : « Mon enfant, regarde le ciel. Ne crains point la mort qui conduit à la vie éternelle ».

Notre France s'honore aussi, avec juste raison, de la reine Blanche de Castille qui disait à saint Louis son fils : « Mon enfant, j'aimerais mieux vous voir mourir que commettre un seul péché mortel ».

Puissent ces sentiments être les vôtres, mères qui lirez ces pages ! Songez avant tout au salut de l'âme de vos enfants. Inculquez dès le premier âge à ces chers petits, l'habitude de la prière avec les principes vraiment chrétiens. Eclairez leurs jeunes âmes de vos conseils, soutenez-les surtout par vos bons exemples : inspirez à leur cœur une grande horreur du péché.

Ne confiez le soin de les instruire qu'à des maîtres vraiment chrétiens : c'est là un point d'une importance capitale. Ecartez de leur route toute compagnie suspecte.

Dès qu'ils auront atteint la septième année,

conduisez-les au prêtre pour être catéchisés, confessés, dirigés, surveillés, sanctifiés.

Tant que vos fils et vos filles suivront le chemin chrétien, ils seront votre joie, votre consolation, votre honneur. Mais si un jour, ce qu'à Dieu ne plaise ! ils renonçaient à la foi de leur baptême, s'ils abdiquaient les principes religieux, vous pourriez craindre pour eux toutes les chutes, et pour vous toutes les tristesses, toutes les déceptions, toutes les hontes, tous les malheurs.

Enfin, nous adressant aux enfants eux-mêmes, nous leur disons : « Chers petits, détournez-vous avec horreur des méchants qui tenteraient de vous arracher des bras de la sainte Eglise, comme le jeune saint Cyr se détournait du tyran qui l'avait arraché des bras de sa mère. Répondez à ces misérables, si jamais vous en rencontrez sur votre route, par le mot du fils de sainte Julitte à son persécuteur : « Je suis chrétien ! » En face des ennemis de notre foi, si nombreux de nos jours, aimez à redire souvent et chantez à plein cœur :

Je suis chrétien ! c'est là ma gloire,
Mon espérance et mon soutien ;
Mon chant d'amour et de victoire,
Je suis chrétien ! Je suis chrétien !

*
* *

Comment saint Cyr et sainte Julitte sont devenus les patrons du Nivernais. Leur culte parmi nous.

Il convient maintenant d'expliquer comment le culte de saint Cyr et de sainte Julitte s'est répandu en Occident et est venu jusqu'à nous.

Les deux servantes de Julitte ne s'étaient pas désintéressées du sort de leur maîtresse et de celui de son enfant. Elles étaient restées à distance, mais de façon à pouvoir suivre les péripéties de leur martyre. Le lendemain, elles enlevèrent secrètement les corps des deux glorieuses victimes et les inhumèrent près de la ville. Sous le règne de Constantin, lorsque la paix eût été rendue à l'Eglise, une des deux servantes qui vivait encore révéla le lieu où reposaient les restes des saints martyrs. A partir de ce moment, saint Cyr et sainte Julitte furent en grande vénération parmi les fidèles, et leur culte commença à se propager au loin.

L'honneur de l'avoir introduit en Occident est attribué à saint Amateur, successeur de saint Germain sur le siège épiscopal d'Auxerre. Ce saint évêque ayant fait le voyage d'Orient, en rapporta les reliques de nos saints martyrs et en fit don à l'une des églises de sa ville épiscopale qu'il avait choisie pour lieu de sépulture. Mais, dans la suite, craignant que ce précieux dépôt ne fût profané et ne vînt à disparaître au milieu des troubles publics, il le cacha dans un mur sur lequel il avait fait peindre une image de saint Cyr avec une inscription qui devait servir d'authentique ; puis il dissimula le tout au moyen d'un contre-mur.

Longtemps les habitants d'Auxerre ignorèrent les vénérables restes qu'ils possédaient : ce ne fut que du temps de saint Jérôme, évêque de Nevers, c'est-à-dire au commencement du IXe siècle, que ce pieux trésor fut découvert.

Ce saint évêque avait une dévotion toute particulière à saint Cyr et à sainte Julitte, sa mère. Il avait fait construire en leur honneur une chapelle attenant à sa cathédrale, et désirait mettre son diocèse tout entier sous leur protection, en dédiant à ces martyrs la nouvelle église qu'il espérait faire construire quand il plairait à la Providence de seconder ses vœux ..

Jérôme était tout préoccupé de cette pensée lorsqu'il fut appelé à une assemblée d'évêques tenue à Paris, et à laquelle Charlemagne assistait.

Avant de laisser partir les prélats, l'empereur leur fit part d'un songe qu'il avait eu et dont il était fort ému.

« Il lui semblait, pendant son sommeil, être à la chasse. Tout à coup, se trouvant seul au milieu d'une forêt, il aperçut un sanglier furieux qui allait s'élancer sur lui. Il se jeta à genoux implorant la protection de Dieu. Aussitôt, il vit tout près un enfant nu qui lui promit de le délivrer du péril, s'il voulait lui donner un voile pour se couvrir. L'empereur n'hésite point à faire cette promesse. Alors l'enfant saute sur le sanglier, et, le tenant par les défenses, il le conduit à l'empereur qui le perce de son épée et le tue... »

Saint Jérôme, évêque de Nevers, ayant entendu le récit de l'empereur, prit la parole et interpréta ainsi ce songe étrange : « L'enfant qui apparut à Charlemagne et le délivra de la mort c'est saint Cyr, le jeune martyr. Le voile qu'il demande pour se couvrir c'est une cathédrale, car il n'a dans le diocèse de Nevers, où il est honoré, qu'une humble chapelle dénudée... » Charlemagne accepta la touchante et ingénieuse explication de l'évêque. Il fit restituer à l'église de Nevers tous les biens dont elle avait été spoliée ; et saint Jérôme, grâce à ces libéralités impériales, put faire construire une belle et vaste cathédrale dédiée à saint Cyr et sainte Julitte. Ce récit explique pourquoi les armes du chapitre de la cathédrale de Nevers portent un sanglier chargé d'un petit saint Cyr sans vêtement.

Sur ces entrefaites, le mur que saint Amateur avait fait construire à Auxerre s'écroula tout à coup et découvrit le dépôt sacré que le saint évêque avait caché, avec les images des saints et les inscriptions qui indiquaient les noms et les reliques de chacun... Les peuples se rendaient en foule à Auxerre pour vénérer ces précieuses reliques. Jérôme s'y rendit lui-même et fut assez heureux pour en obtenir une partie. Il transporta solennellement son précieux trésor à Nevers, où il fut reçu avec allégresse par la population.

Les leçons des anciens bréviaires nivernais rapportent que les malades venaient en grand nombre implorer l'assistance de saint Cyr et de sainte Julitte, et que beaucoup s'en retournaient guéris, publiant au loin la gloire de ces deux grands saints.

C'est depuis lors que saint Cyr et sainte Julitte sont honorés comme patrons du diocèse de Nevers.

Leur fête, chaque année, est solennellement célébrée. Monseigneur l'Evêque officie pontificalement, ce jour-là, à la cathédrale.

Après la guerre de 1870, un maître-autel fut érigé par souscriptions dans la cathédrale de

Nevers. C'est un ex-voto du diocèse, remerciant le ciel d'avoir préservé la Nièvre de l'invasion prussienne, grâce à l'intercession de nos saints Martyrs.

Ce beau ciborium, œuvre d'un artiste nivernais, Gautherin, est en pierre blanche sculptée. Le rétable représente les diverses phases du martyre de saint Cyr et sainte Julitte. Sur l'autel, dans une sorte de tabernacle à lobes ouverts, on voit, à travers un panneau de cristal, un reliquaire précieux, acheté avec les dons volontaires des fidèles, béni et inauguré par Mgr Forcade, évêque de Nevers, le dimanche 16 juin 1861. C'est là qu'est renfermée une partie des reliques apportées à Nevers par saint Jérôme : une autre partie de ces reliques est possédée par l'église de Nolay.

A Nevers aussi, dans un des plus beaux sites de la ville s'élève un monument grandiose dénommé l' « *Institution Saint-Cyr* ». Dans cet établissement, placé sous le vocable et dominé par l'image des saints Patrons nivernais, des prêtres du diocèse élèvent dans la foi, la science et la vertu les fils des familles chrétiennes de notre pays.

* * *

Pour célébrer la gloire de nos saints Patrons et exalter cette *dualité sainte* du fils et de la mère, ainsi que s'exprime un hymnographe grec, nous emprunterons les accents que l'Eglise d'Orient fait entendre dans sa liturgie :

« Salut, ô vénérable Julitte, vous qui, dépouillant la faiblesse de votre sexe, avez combattu à l'égal des plus vaillants athlètes !

Salut, ô bienheureux Cyr, qui, à l'âge de trois ans, avez triomphé d'un ennemi artificieux ! Nous vous saluons, ô saint martyrs ! en ce jour où nous célébrons votre glorieux triomphe. Intercédez sans cesse, nous vous en prions, auprès du Souverain Seigneur de toutes choses, et obtenez de Lui qu'il accorde au monde la paix et à nous pardon et miséricorde ! »

L'Eglise de Nevers a célébré, elle aussi, le triomphe de saint Cyr et de sainte Julitte par des hymnes et des proses composées en leur honneur, tant au moyen âge qu'au siècle dernier. Nous trouvons dans le bréviaire édité en 1727, par Mgr Charles Fontaine des Montées, la prière suivante, que nous aimons à transcrire dans la traduction poétique qu'en a faite un curé nivernais :

O toi, dont l'héroïsme au-dessus de ton âge,
Pour venir jusqu'à nous a triomphé du temps,
Cyr, enfant glorieux, sauve-nous du naufrage !
    Les Nivernais sont tes enfants.

Unis tes vœux aux nôtres, admirable Julitte,
Partage son amour, comme autrefois son sort ;
Dieu ne refuse rien à qui le sollicite
    Par la plus éloquente mort.

Les réflexions, sous forme d'invocation, dont le pieux auteur de l'*Année liturgique* fait suivre la biographie de saint Cyr et de sainte Julitte reproduite par lui au 16 juin, méritent d'être citées dans la présente Notice.

« Soutenez la foi des mères, ô Julitte, élevez leur christianisme à la hauteur des enseignements contenus dans vos glorieux combats. Devant la tyrannie qui s'empare de l'éducation pour perdre l'âme des petits enfants, que Cyr trouve partout des imitateurs. On en a vu déjà qui, sous l'odieuse pression de maîtres impies, prétendant leur dicter des leçons condamnées par l'église, ne savaient écrire que le *Credo* reçu de leur mère. Honneur à eux ! Sans nul doute, à ce spectacle vous avez tressailli, ô Cyr, et votre regard s'est arrêté avec complaisance sur ces émules que notre siècle vous donne. Tout n'est donc pas perdu encore pour notre malheureux pays. Avec votre mère, développez toujours plus dans les enfants de l'Eglise ces sentiments de la sainte liberté devenue leur part au baptême : c'est elle qui, soumise à toute puissance venant de Dieu, triompha pourtant des Césars ; c'est de sa noble indépendance à l'égard de tout abus de pouvoir que dépend encore le salut de la société. »

PRIÈRE

FAITES, Seigneur, que les mérites et les exemples des martyrs saint Cyr et sainte Julitte, nos glorieux Patrons, nous excitent et nous aident à rester toujours fidèles à notre baptême. Accordez en particulier aux mères de famille le courage nécessaire pour élever leurs enfants dans la foi et la pratique des vertus chrétiennes : et qu'à l'imitation de sainte Julitte, éclairées et fortifiées par votre grâce, elles préfèrent, aux vains avantages temporels, le salut éternel des jeunes âmes qui leur sont confiées.

Ainsi soit-il.

(Mgr l'Evêque accorde 40 jours d'indulgences, — à gagner une fois chaque jour — à la récitation de cette prière).

www.ingramcontent.com/pod-product-compliance
Lightning Source LLC
LaVergne TN
LVHW012016170826
845678LV00004BA/1516

9782329636573